ORAISON FUNÈBRE

DE MONSEIGNEUR

GASPARD-JEAN-ANDRÉ-JOSEPH JAUFFRET,

ÉVÊQUE DE METZ,

PRONONCÉE A LA CATHÉDRALE, LE 27 MAI 1823.

Mortuus est servus Domini, jubente Domino.
Le serviteur de Dieu est mort, selon la volonté du
Seigneur. *Deut.* 34.

MESSIEURS ET CHERS AUDITEURS,

Dieu tient dans ses mains le fil de nos jours. Sou-
verain Maître de la vie qu'il nous a donnée, il se ré-
serve le droit de nous l'ôter, quand et comment il
lui plaît. L'événement qui cause aujourd'hui parmi
nous une consternation générale, a donc été déter-
miné par la divine Providence, en lui-même et dans
ses circonstances. C'est donc à nous de nous sou-
mettre à sa très-sainte volonté.

1

Cependant nous éprouvons quelqu'adoucissement à notre douleur, c'est que les précieux restes de notre vénérable Prélat reposeront au milieu de nous, et qu'il nous sera accordé, au souvenir de ses vertus et de ses bienfaits, d'aller verser des larmes sur sa tombe.

Nous pourrons aussi goûter une certaine consolation de nous entretenir des biens qu'il a procurés à son Diocèse. Nos regrets nous paroîtront fondés sur la justice, et par-là notre douleur en sera plus vive : mais c'est un hommage que nous lui devons ; instruits par les divines Ecritures qui nous disent que les hommes loueront les hommes sages, et que l'Eglise publiera leurs éloges : *Sapientiam ejus enarrabunt gentes, et laudem ejus enarrabit Ecclesia* (1).

Dans de pareilles circonstances, l'éloquence paroît être de trop, et je m'assure que vous ne l'attendez pas de moi ; c'est le cœur qui parlera, ce seront les cœurs qui écouteront. Je ne dirai rien non plus que ce dont vous avez été les témoins ; et si j'excédois en quelque chose, j'aurois autant de contradicteurs que j'ai en ce moment d'auditeurs.

La matière que je traite étant vaste, je me bornerai à quelques points fondamentaux, qui ont servi de règle à tout le bien que notre premier Pasteur a fait à son Diocèse. Honorez-moi, je vous prie, de quelques momens d'attention.

____

(1) Eccli. 39.

Monseigneur GASPARD-JEAN-ANDRÉ-JOSEPH JAUF-FRET, Evêque de Metz, étoit avantageusement connu parmi nous, et sa réputation l'avoit précédé, lorsque nous apprîmes qu'il étoit appelé à succéder à Monseigneur BIENAIMÉ, Evêque du Concordat, dont la mémoire nous sera toujours chère. Il étoit connu, dis-je, par le zèle avec lequel il secondoit les vues pieuses des personnes qui, voulant vivre sé-parées du monde, sous une sage discipline, recou-roient à son intervention; elles étoient sûres d'être accueillies, et il employoit, pour le succès de leur dessein, toute la protection dont il jouissoit à la Cour. Il étoit connu aussi par ces excellens ouvrages qu'il composoit pour la défense de la Religion et des vrais principes qui étoient attaqués de toutes parts. On peut dire que la composition des bons livres fut une des principales occupations de sa vie; et dans ses derniers momens, il venoit de terminer celui qui traite de la Recherche de la vraie Religion, fruit de ses réflexions pendant près de trente ans de sa vie.

Ce fut donc sous d'heureux auspices que Monsei-gneur JAUFFRET arriva parmi nous. Personne n'i-gnore dans quel état de délabrement se trouvoit l'Eglise de France, au sortir de cette tempête qu'elle venoit d'essuyer. Tout étoit ruiné dans le champ du Seigneur. Il est vrai que son respectable prédéces-seur avoit travaillé avec zèle pour y apporter du re-mède, mais le peu de durée de son épiscopat avoit laissé l'ouvrage fort imparfait.

Le premier objet qui occupa le zèle de notre nouveau Prélat, comme le plus essentiel, fut la restauration du Sacerdoce. Il trouva un foible commencement de Séminaire que son prédécesseur avoit formé autour de lui ; mais jetant un coup-d'œil sur le vaste Diocèse qui lui étoit confié, il vit l'extrême disproportion qui existoit entre les besoins et ce peu de ressources. Les Prêtres français avoient succombé en grande partie sous les coups de la persécution ; d'autres étoient morts en exil ; ceux qui étoient revenus en petit nombre dans leur patrie, chargés d'années et d'infirmités, offroient à notre Eglise des services qui ne pouvoient être de longue durée. Les vocations à l'état ecclésiastique avoient été violemment contrariées et arrêtées depuis plusieurs années ; les parens ne voyant dans le Sacerdoce qu'un état exposé à la misère et au mépris, n'excitoient pas leurs enfans à s'y dévouer ; ils les en détournoient au contraire, par le mouvement de leur tendresse.

Le Prélat mit tout en œuvre pour multiplier les vocations à l'état ecclésiastique ; il fit un appel à la religion des parens et au zèle des Pasteurs, pour qu'on fît choix parmi les jeunes gens de ceux qui, par leurs dispositions aux sciences et à la vertu, promettoient des succès. Il donna des encouragemens ; il établit trois écoles ecclésiastiques, l'une dans chacun des trois départemens de son Diocèse ; acheta, prépara des locaux ; pourvut de bons maîtres cette jeunesse qu'il regardoit comme l'espérance de son Eglise ;

y réunit un certain nombre d'élèves, et les encouragea au travail.

Dans sa ville épiscopale, il suivit le même plan, et bientôt les Aspirans au Sacerdoce se réunirent près de lui en si grand nombre, que le local étant devenu insuffisant, il demanda et obtint l'ancien Séminaire, qui, ayant subi d'autres destinations, se trouvoit dégradé et demandoit à être réparé. Un si grand nombre de sujets s'y rendirent, que l'on fut obligé d'en placer plusieurs dans la ville, d'où cependant ils venoient journellement assister aux exercices de la Maison. Avec quelle joie se rendoit-il au milieu de ces élèves du Sanctuaire, les encourageant par des instructions paternelles, et leur mettant sous les yeux les vertus qu'ils devoient s'efforcer à acquérir pour se rendre dignes d'un si saint état.

De là ces ordinations nombreuses, qui remplirent d'étonnement tout le reste de la France, où l'on trouvoit à peine quelques sujets pour leur imposer les mains. De là les paroisses pourvues de Pasteurs, la parole de Dieu annoncée, les scandales arrêtés, et tous les biens ineffables de la religion de Jesus-Christ répandus sur toutes les contrées de ce vaste Diocèse.

Les ruines de notre Eglise ne sont pas encore entiérement réparées; mais sous ce rapport, tout y est dans un état consolant. Trois maisons dans la ville épiscopale sont remplies d'Aspirans aux saints ordres, qui se portent avec ardeur à l'accomplissement de leurs devoirs. Dans les campagnes, d'autres suivent la même carrière sous la direction de leurs Pasteurs ou de ceux qui se sont dévoués à cette œuvre sainte. Tous étoient l'objet de la sollicitude de leur Evêque, et peu de temps avant sa mort, il avoit donné un mandement qui les assujettissoit à des règles, afin que vivant au milieu du monde dont ils doivent un jour combattre les maximes, ils ne se laissent pas gâter par sa corruption.

Tel fut le premier bien que notre Prélat procura à son Diocèse; il repeupla le Sanctuaire de telle sorte, que l'Eglise de Metz se trouve, sous ce rapport, dans une espèce d'abondance, en la comparant aux autres Eglises de la France.

Un autre objet de la même importance occupa constamment le zèle de Monseigneur, ce fut de rétablir l'ordre dans le Sacerdoce même, dont les règles avoient beaucoup souffert dans les troubles précédens. Il savoit que l'Eglise de Jesus-Christ est comparée, dans les divines Ecritures, à une armée rangée en bataille, et qu'elle tire du bel ordre qui y règne, sa force, sa beauté, son énergie contre les ennemis du salut qu'elle combat : *Terribilis ut castrorum acies ordinata.* Il voulut donc que l'Eglise particulière que Dieu lui avoit confiée fut réglée sur ce beau modèle. Persuadé que ce n'est pas assez pour le salut des peuples qu'ils aient des Ministres pour les conduire, mais qu'il est encore plus important que les Ministres de cette sainte Religion prêchent d'exemple, et s'acquièrent la confiance des fidèles par les vertus sacerdotales, il s'appliqua à cet objet essentiel, et trouva dans ses Coopérateurs une fidèle correspondance.

A peine arrivé dans son Diocèse, il appela près de lui les anciens du Sanctuaire, et les consulta sur le bien à faire, le mal à corriger, les moyens à employer pour réussir ; et, d'après les connoissances qu'il se procura, des lieux et des personnes, il se mit en état de former ses réglemens. Il organisa son Clergé, y établit une forme hiérarchique, par la communication graduée des pouvoirs à ceux qu'il jugeoit dignes de sa confiance. Par ce bel ordre, tout étoit en surveillance dans son Diocèse ; il étoit instruit exactement de tout ce qui intéressoit la discipline ; il faisoit ses visites exactement ; maintenoit le bien, et arrêtoit les abus lorsqu'il s'en présentoit. Ce qu'il ne pouvoit faire par lui-même, il le faisoit par ceux qu'il avoit honorés de sa confiance et investis de ses pouvoirs.

Il renouvela les statuts anciens, avec toute la prudence qu'exigeoit le nouvel état de choses ; il surveilloit à leurs exécutions. Il répandit dans son Diocèse d'excellens ouvrages, soit pour alimenter la piété et le zèle de son Clergé, soit pour régler le service divin.

Il appeloit successivement ses Prêtres à des retraites annuelles, afin qu'étant délivrés pour quelques jours des occupations journalières de leur saint ministère, et de la dissipation qu'elles entraînent nécessairement, ils pussent dans le silence vaquer à eux-mêmes, examiner de près l'importance de leur fonction, la manière dont ils s'en acquittent, et se renouvellassent dans le zèle et les vertus sacerdotales, de peur qu'ayant prêché aux autres, ils ne fussent condamnés eux-mêmes! Le Prélat présidoit à ces assemblées, et y faisoit à ses Prêtres des exhortations animées et pathétiques; ils en sortoient le cœur rempli d'une joie sainte, et enflammés d'une nouvelle ardeur pour l'accomplissement de leurs devoirs.

Il réunit aussi tous les ans en synode les anciens du Sacerdoce, et, d'après les connoissances qu'il puisoit dans leurs réflexions, il établissoit, perfectionnoit, changeoit au besoin ses ordonnances, qui, bientôt, étoient communiquées à tous les Prêtres dans les synodes ruraux. Par ces dispositions relatives, soit à la propagation, soit au perfectionnement du Sacerdoce, notre premier Pasteur jetoit les fondemens du bien que devoit produire le ministère sacré.

Mais il falloit aussi travailler à la sanctification des fidèles. La longue désuétude des pratiques de la Religion, et les sarcasmes qu'on avoit répandus contre le culte divin, avoient jeté la France, autrefois si chrétienne, dans un état d'apathie et d'indifférence sur les rapports essentiels de l'homme envers Dieu, d'où dépend son sort pour toute l'éternité; on ne pensoit plus à une autre vie; on vivoit comme si on n'avoit pas dû mourir; et on mouroit après une vie chargée de crimes, comme si on n'avoit rien eu à redouter de la vengeance céleste. Il étoit instant de remédier à un si grand mal.

Notre Prélat conçut d'abord l'idée de renouveler cette génération perverse par la bonne éducation des enfans. Il savoit que le premier âge est une cire molle susceptible de toutes sortes d'impressions, qu'il étoit instant de profiter des momens favorables, pour arracher du cœur des enfans, par une bonne éducation, les vices naissans qui deviendroient dans la suite la source des malheurs de leur vie, et peut-être les fléaux de la société, d'y planter les vertus chrétiennes qui les préviendroient contre les scandales du monde, et peut-être de la maison paternelle. Il avoit aidé puissamment au rétablissement des Frères de la doctrine chrétienne, connus par leurs succès dans l'éducation chrétienne de la jeunesse. Il les appela dans sa ville épiscopale, les logea près de lui, en attendant que le local qui leur étoit destiné fut préparé pour les recevoir. Il visita leurs écoles, et encouragea les enfans par des instructions paternelles et par des récompenses proportionnées à leur âge. Aussi, mes chers Frères, vous recueillerez aujourd'hui les fruits de ses soins. Cette jeunesse turbulente qui remplissoit nos rues de troubles, et ne connoissoit aucun frein, vous la voyez toute changée, modeste, docile, appliquée à contenter ses sages Instituteurs, et recueillie dans nos églises.

Il en résulte encore un grand avantage. Des enfans, jusqu'alors négligés, et qui, demeurés sans cul-

ture, ne seroient pas sortis de la classe des êtres
inutiles ou nuisibles, faisant connoître des dispositions heureuses pour les talens et la vertu, devien-
nent l'objet d'une attention suivie, et promettent de
donner un jour des sujets utiles à la patrie, et peut-
être aussi à la Religion.

Notre Prélat donna aussi ses soins à l'éducation
des jeunes personnes de l'autre sexe. Pour ce sujet il
a formé, dans sa ville épiscopale, deux Instituts qui
étendent leurs rameaux au loin, et que vous voyez
en plein exercice de bonnes œuvres. On y élève les
jeunes personnes aux vertus de leur sexe, et on y
prépare de loin des mères de familles chrétiennes,
qui seront la consolation de leurs époux et l'orne-
ment de leur maison. Dans l'un de ces établissemens, on reçoit les enfans qui appartiennent à des
familles au-dessus du commun, et comme elles pa-
roissent destinées à figurer dans le monde, on les
prémunit contre sa corruption, en les fortifiant dans
la pratique des vertus chrétiennes. Le second établissement est destiné à l'éducation des enfans des
pauvres ; elles y trouvent les principes salutaires qui
les garantiront des dangers de leur état ; elles y sont
formées au travail, et mises en état de défense contre
l'oisiveté mère de tous les vices, et pour soulager la
misère de leurs pauvres parens.

Le Prélat, comme un nouveau Vincent de Paule,
sut activer la charité des Dames de la ville, et par
l'Association dite de la Bonne œuvre, il les rendit

participantes de toutes les espèces de bien qui peu-
vent soulager l'humanité souffrante. Combien d'autres établissemens relatifs à l'éducation des enfans
a-t-il provoqués, soutenus, protégés, soit dans sa ville
épiscopale, soit dans toute l'étendue de son Diocèse?
Mais il faut que je m'impose des bornes, pour en
venir à un autre principe de bien qu'il mit en acti-
vité pour le salut de ses diocésains.

Par le zèle qu'il mit à propager la bonne éducation des enfans, il procuroit des ressources pour la
suite des temps, mais il ne pouvoit négliger les maux
présens, qui résultoient du dépérissement de la foi
parmi les fidèles. Pour la réveiller dans le cœur de ses
diocésains, il mit à profit les moyens que Jesus-Christ
lui mettoit en main, en établissant le Sacrement de
Confirmation, dont la vertu est de fortifier les fidèles
dans la foi; il résolut donc de se dévouer à donner la
Confirmation aux fidèles de son Diocèse : sa vaste
étendue lui montroit assez à quelles fatigues il se dé-
vouoit; mais ni la longueur des voyages, ni la dif-
ficulté des routes, ni l'âpreté des froids de l'hiver,
ni les chaleurs de l'été ne purent le retenir. Il ma-
nifesta son dessein, et fut écouté ; il se porta avec
ardeur à l'exécuter: mais de quelle consolation son
cœur fut rempli, lorsqu'il vit les peuples accourir de
toutes parts ! Peut-être quelques-uns n'y vinrent-ils
qu'attirés par la nouveauté du spectacle ; mais Dieu
se sert de tout moyen pour le salut des hommes.
Quand les peuples contemploient leur premier Pas-

teur, et qu'ils recevoient de sa bouche des paroles de vie, leurs yeux se mouilloient de douces larmes, et ils s'en retournoient remplis de joie et pénétrés de respect pour la Religion et son digne Ministre. Dans les deux premières années de son épiscopat, on fit nombre de plus de soixante mille fidèles confirmés dans le Diocèse, et les années suivantes offrirent aussi de précieux résultats. Mais les fatigues qu'il essuya en se prodiguant ainsi, excédoient les forces humaines, et il est à craindre qu'elles n'aient préparé et accéléré le moment douloureux qui nous arrache aujourd'hui des larmes.

Mais quels moyens a-t-il employés pour opérer tant de biens? Dieu sans doute en fut la source, et bénit toutes ses entreprises ; mais il employa aussi les voies humaines qui sont d'ordinaire suivies du succès. Il entretint toujours une parfaite intelligence avec les autorités locales, civiles et militaires : par-là il les trouva toujours favorables à ses vues, et secondant ses entreprises dont elles reconnoissoient l'utilité ; il a donc été le premier moteur du bien, mais les personnes puissantes qui ont correspondu à ses intentions, partagent avec lui le mérite de ses œuvres, et doivent aussi avoir part à la reconnoissance des fidèles qui en recueillent les fruits.

Un autre moyen qu'il employa avec succès, pour parer aux dépenses étonnantes qu'entraînoient après elles tant de bonnes œuvres à faire, ce fut d'appeler à son secours ses diocésains, et de les engager à coopérer à l'œuvre de ses Séminaires par une quête annuelle ; vous avez répondu à sa voix, mes chers Frères, vous y répondez encore ; sans votre intervention, il lui eut été humainement impossible d'y réussir ; le bien qui en est résulté dans le rétablissement du ministère, vous appartient donc comme à lui : il a proposé le bien et vous l'avez opéré, ou vous l'avez mis en état d'y réussir. Que cette sainte disposition demeure après lui.

Mais par quelle espèce d'enchantement est-il donc arrivé que tous les projets qu'il concevoit pour la gloire de Dieu étoient ainsi secondés ? Par quel ascendant régnoit-il ainsi sur les esprits et sur les cœurs ? C'est, mes Frères, l'ascendant de la vertu. Fidèle imitateur de saint François de Sales, sous les auspices duquel il avoit commencé son épiscopat, il s'étoit rendu affable à tous, d'un facile abord aux petits comme aux grands. Les misérables avoient accès près de lui, il les écoutoit, les consoloit, les assistoit autant qu'il le pouvoit, et enfin les renvoyoit pénétrés de ses bontés. Ajoutez à tout ce que j'ai dit, ses vertus privées dont rendent témoignage tous ceux qui avoient le bonheur de l'approcher.

Je n'en dirai pas plus ; il est temps d'aborder la partie de ce discours, la plus sensible à nos cœurs. Il y avoit quelque temps que nous avions été en danger de le perdre. Dieu exauça nos prières et essuya nos larmes en versant ses bénédictions sur les soins qui lui furent prodigués. Il nous fut rendu :

mais hélas! tout nous annonçoit que nous avions à craindre de le perdre bientôt. Il ne se dissimuloit pas à lui-même le danger où il se trouvoit; mais au lieu d'user des ménagemens que son état sollicitoit, il se hâta, au contraire, de faire le bien qu'il projettoit encore, et persévéra jusqu'à la fin dans son dévouement au service de Dieu et de son Eglise. Il se rendit à la Capitale pour y poursuivre un nouvel établissement qu'il prévoyoit devoir être très-utile au salut de ses ouailles, disposé à revenir bientôt imposer les mains à un grand nombre d'ordinands qui se préparoient avec ardeur à se rendre dignes des graces de Dieu. Le Seigneur en avoit autrement ordonné : *Mortuus est servus Domini, jubente Domino.*

Celui qui tant de fois vous avoit fait entendre sa voix pour vous annoncer la parole de Dieu, hélas! mes Frères, il vous fait en mourant une instruction bien touchante. L'entendez-vous vous dire : Ne comptez pas sur la vie présente, elle peut vous être ôtée au moment où vous vous y attendrez le moins, et à l'instant toutes les fausses jouissances, toutes les trompeuses espérances de ce monde, qui peut-être vous abusent, se réduiront dans la poussière du tombeau, et il ne vous restera que vos œuvres, bonnes ou mauvaises, pour assurer votre bonheur ou votre malheur pour toujours. Pensez-y, point de comparaison à faire entre le temps et l'éternité.

Hélas! il n'est plus... Il est perdu pour nous...

Mes yeux, fondez – vous en larmes.... Non, mes Frères, que dis-je? il n'est pas perdu pour nous, et l'amour qu'il avoit pour son troupeau n'est devenu, par sa mort, que plus ardent et plus puissant. Il sait que dans ces circonstances nos pensées se portent vers l'avenir, et que nous demandons à Dieu un Pasteur qui maintienne le bien qu'il a fait parmi nous! Le même désir l'anime. Retourné au principe de son être, pour recevoir la récompense promise à ses vertus; réuni à cette sainte troupe de Prélats qui ont honoré le siége de Metz, qu'il a si dignement occupé après eux; réuni, dis-je, aux Clément, aux Arnould, aux Chrodegand, aux Pierre de Luxembourg, appuyé de la protection de saint Etienne, premier Martyr et Patron de ce Diocèse, dont naguère il transportoit au milieu de nous les Reliques, après les avoir obtenues du Chef de l'Eglise, en signe de son attachement au centre de l'unité: environné des Anges tutélaires de ce Diocèse, fidèles protecteurs de son zèle, protégé par Marie, la plus pure des Vierges, dont il a constamment propagé le culte, par des Associations, des Neuvaines, des Congrégations, et tous les moyens qui étoient en son pouvoir; il demande à Dieu, réuni a ce saint concert, qu'un successeur digne de Dieu lui soit donné.

C'est à nous, mes Frères, à joindre nos humbles supplications à celles de tous nos protecteurs dans le ciel, nous qui avons le plus grand intérêt à ce que ses prières soient exaucées.

Dieu de miséricorde, agréez le sacrifice pénible que nous vous offrons en ce moment, du Pasteur que vous venez de nous retirer : nous joignons ce sacrifice à celui de vos autels, où nous allons offrir pour lui la victime sainte qui vous est si agréable : nous adorons tous ensemble votre volonté suprême, qui dispose de tout pour notre plus grand bien, daignez nous accorder en sa place, un Pasteur tel que vous en donnez à ceux que vous comblez de vos graces, afin que votre Religion sainte, que vous nous avez rendue, loin de périr encore, se relève de plus en plus parmi nous, pour assurer nos plus douces consolations sur la terre, et notre bonheur dans l'éternité. Ainsi soit-il.

A METZ, chez COLLIGNON, Imprimeur de l'Evêché.